伽耶から倭国へ

可也山から見える国

松尾紘一郎写真集

海鳥社

目次

明け方の可也山（立石山から）　左は幣《にぎ》の浜，右は引津湾，後ろは脊振山地。

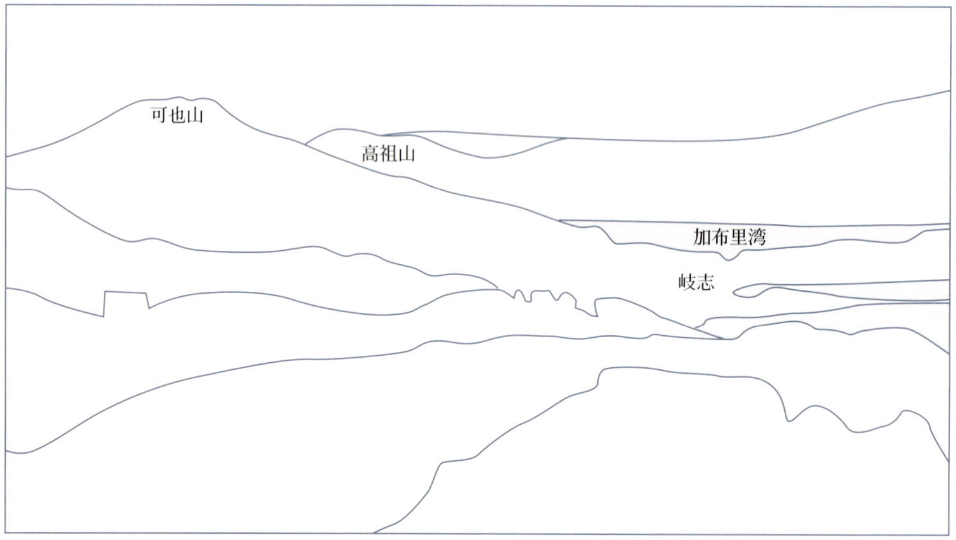

朝日の中の可也山（立石山から）

日没直後の可也山と雷山川（前原市泊《とまり》から）

伊都国の朝（立石山から） 可也山と脊振山地，引津湾。

可也山から見える国

「邪馬台国」について触れた中国の史書『三国志』の中の『魏志・東夷伝』の「倭人」条（以下『倭人伝』という）には、韓国のソウル付近とされる帯方郡から邪馬台国までのコースを、およそ次のように書いている。

「郡から海岸沿いに韓国を経て、倭の北岸狗邪韓《くやかん》国に到る。一海を渡って対馬国。また一海を渡って一支国。また一海を渡って末盧《まつろ》国。東南五百里で伊都《いと》国に到る。東南百里で奴《な》国。東行不弥《ふみ》国に至る百里。南、投馬国に至る水行二十日。南、邪馬台国に至る水行十日、陸行一月」

このうち、狗邪韓国から不弥国までの七国は、道里や方向などの地理的な関係、地名の類似、遺物・遺跡などの裏付けもあって、国の位置を、それぞれ韓国金海付近、対馬、壱岐、佐賀県唐津市周辺と東松浦半島、福岡県糸島郡付近、福岡市周辺・同市東近郊とすることでほぼ異論はない。

その後の記述に「其の戸数・道里、得て略載」とある「女王国より以北の国」とは、狗邪韓国を除く六国がこれにあたることは言うまでもない。

ところで、私の住む福岡県糸島郡志摩町は、この『倭人伝』中に「国中に於いて刺史の如き」と畏《おそ》れ憚《はばか》られた一大率《いちだいそつ》が「常に治した伊都国」とされている所であるが、その北部沿岸の志摩半島中央の可也《かや》地区（一九五四年までは糸島郡可也村《かやむら》）に、『万葉集』にも歌われた秀麗な独立峰・可也山《かやさん》（標高三六五メートル）が聳えている。

山頂から東は、志摩半島の元岡《もとおか》、今津《いまづ》、博多湾に浮かぶ志賀島《しかのしま》、能古島《のこのしま》、その右手には福岡市とその周辺及び東近郊の市街地が三郡《さんぐん》山地まで広がる。志賀島の沖には宗像大島、湯川山《ゆがわやま》、孔大寺山《こだいしやま》、西山《にしやま》、さらにそこから南へと連なる三郡山、宝満山《ほうまんざん》までもが遠望できる。

西は真下に岐志《きし》漁港、引津《ひきつ》湾、可也海《かやみ》、姫島、その先の唐津湾には高島《たかしま》、神集島《かしわじま》、その背後にはなだらかな東松浦半島が南北に長く横たわる。

その北端の呼子《よぶこ》町（唐津市）加部島《かべしま》からわずかな距離に加唐島《かからじま》、松島、小川島、馬渡島《まだらじま》などが点在し、視界の良い日には遠く長崎県の島々までもが望める大パノラマが展開する。

南は、可也山から至近の距離で伊都国の背面（南）に高祖山《たかすやま》、王丸山《おうまるやま》（韓国岳《からくにだけ》）、さらには標高八〇〇－一〇〇〇メートルの井原山《いはらやま》、雷山《らいざん》、羽金山《はがねやま》などの脊振《せふり》山地が立ちはだかる。山麓に沿って怡土《いと》、周船寺《すせんじ》、波《は》多江《たえ》、前原《まえばる》、加布里《かふり》の街並みが東西に細長く連なり加布里漁港で尽きる。その先は同じ脊振山地の二丈岳《にじょうだけ》、浮岳《うきだけ》、十坊山《とんぼやま》などの急峻な北斜面が海まで迫って唐津湾まで続く。

北は、眼下に玄界灘の大海原が広がる。視界の良い日には壱岐が指呼の間で、北西の芥屋《けや》海岸の沖に横たわる。後方に見えるのが対馬、右に小呂島《おろのしま》、さらにその右遠くには沖ノ島も見ることができる。

ご覧いただける通り、山頂からの光景は、東はかつての奴国と不弥国、南は伊都国、西は末盧国、北は一支国（壱岐）、対馬国ということになり、「女王国より以北」とされる六国は、まさに可也山から一望の中にある。

ということは、『倭人伝』は山頂からの俯瞰で、それぞれの国の方向と道里が、放射状に、目測でたどれるこの六国だけを「其の戸数・道里、得て略載」と記述したことになる。

一方、可也山からの視界にない国々は、「其の余の傍国は遠絶にして、得て詳《つまび》らかにすべからず」として二十一の国名を羅列するだけで、方向・戸数・道里に関する記述は一切なく、それぞれの国の位置は未だに見当もついていない。

＊

では、山を下りて、〝可也山から見える国〟を少し詳しく見てみることにする。まずは、伊都国とその周辺をこのカメラ紀行の出発の地としたい。

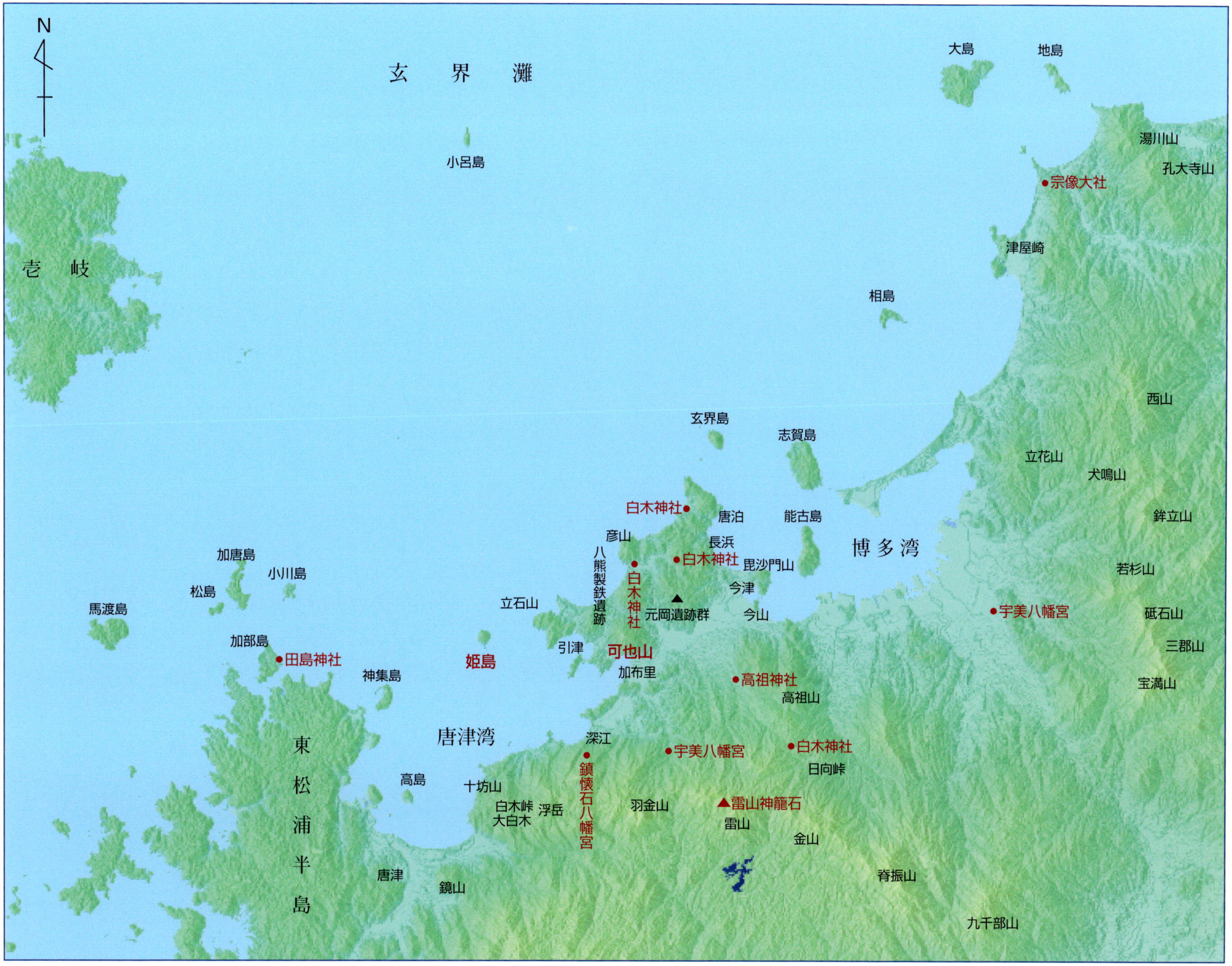

可也山から見える国（「カシミール３Ｄ」をもとに作成）

可也山頂から東 ②

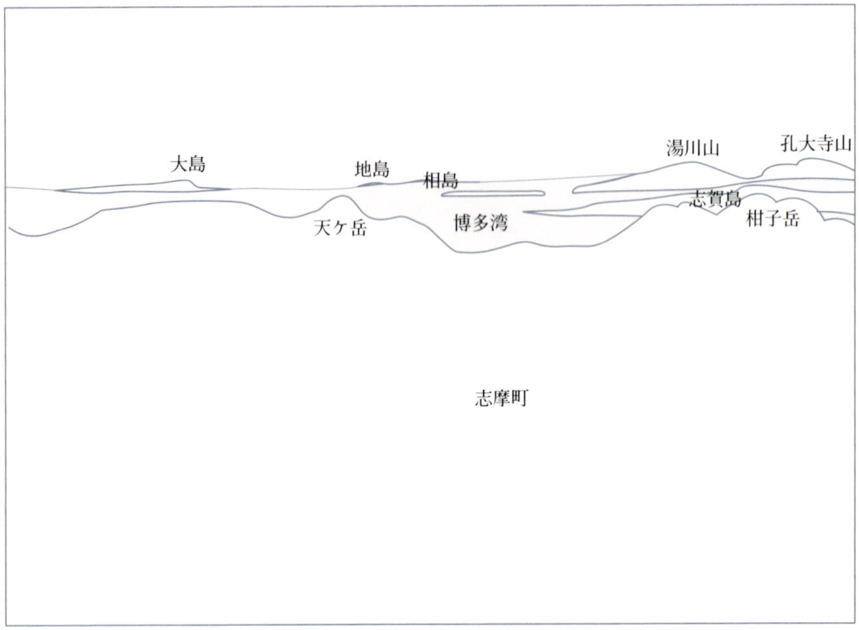

可也山頂から東 ①

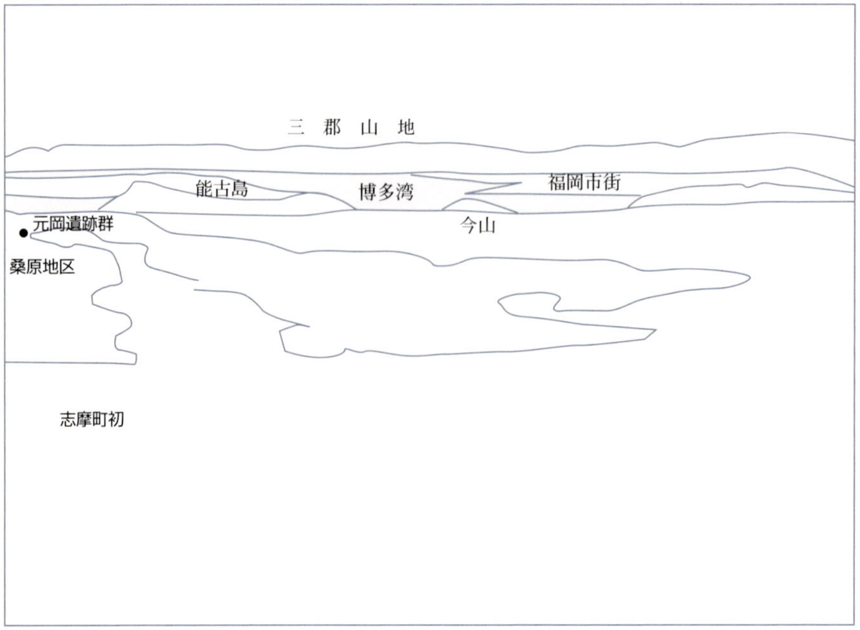

可也山頂から西

可也山頂から北

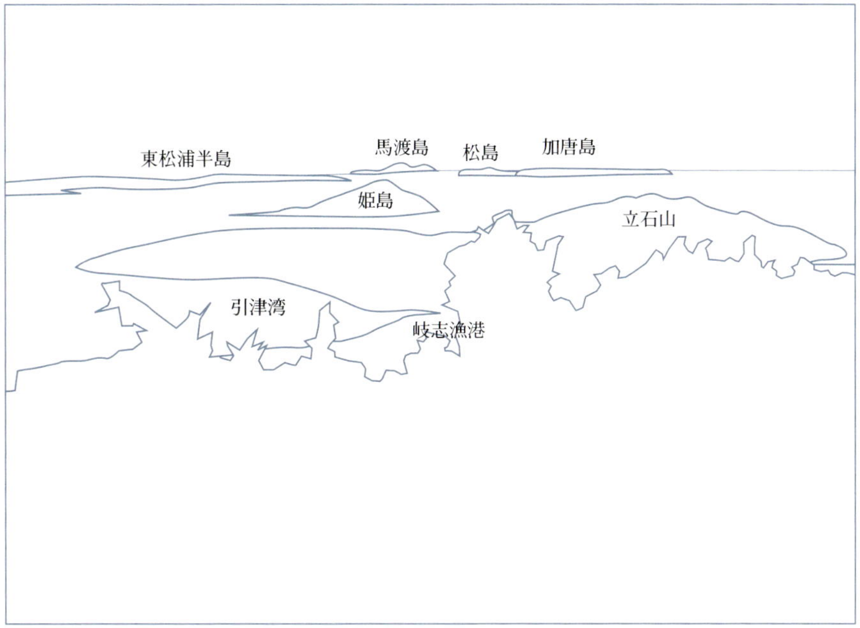

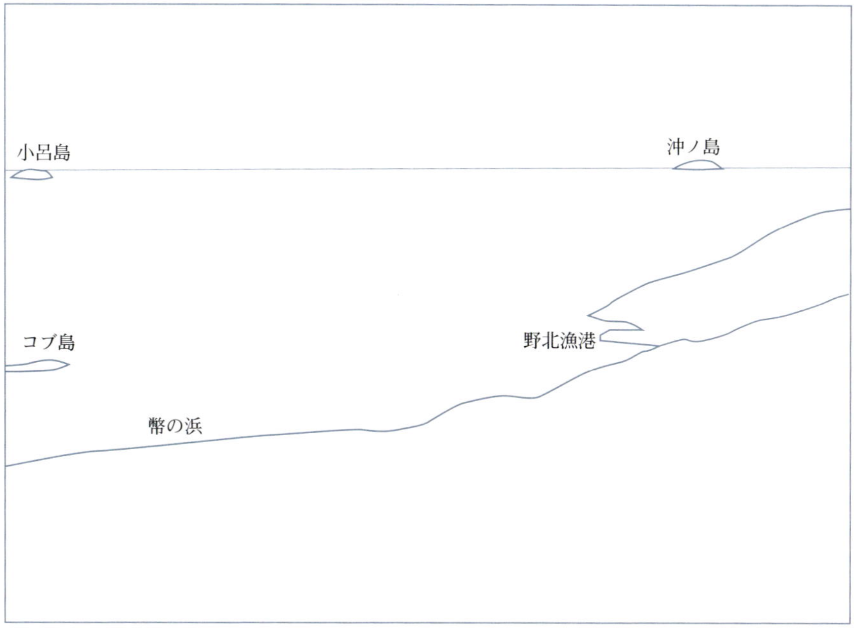

可也山の南（立石山から）　脊振山地の急峻な北斜面が海まで迫って唐津湾まで続く。唐津の山々と高島も望める。右手前は福の浦漁港。

可也山の西（白木峠付近から） 唐津湾と神集島（狛島《こまじま》），左は東松浦半島，その向こうは馬渡島，右は松島，加唐島，小川島，壱岐。加唐島は百済25代の武寧王《ムリヨンワン》の出生地。平成天皇は，2001年12月23日の誕生日を前にした記者会見で，「桓武天皇の生母が百済の武寧王の子孫であると『続日本紀』に記されていることに，韓国とのゆかりを感じています」と発言され，古代朝鮮と皇室との血縁関係に言及して大きな話題になった。生母とは高野《たかの》新笠《にいがさ》のことである。

可也山頂から北西　手前の芥屋の大門からは指呼の間に，赤い太陽が沈む壱岐が横たわる。

可也山頂から西　初夏の夕日は壱岐に沈む。岐志漁港，引津湾，姫島と東松浦半島，馬渡島，松島，加唐島。

可也山の北西（雷山山中から）　夕凪の玄界灘に浮かぶ姫島。その沖に横たわる壱岐と重なる高い島影は対馬。伽耶から倭国への多くの渡来を可能にした島，壱岐・対馬は視界が良ければこれほどに間近に見ることができる。

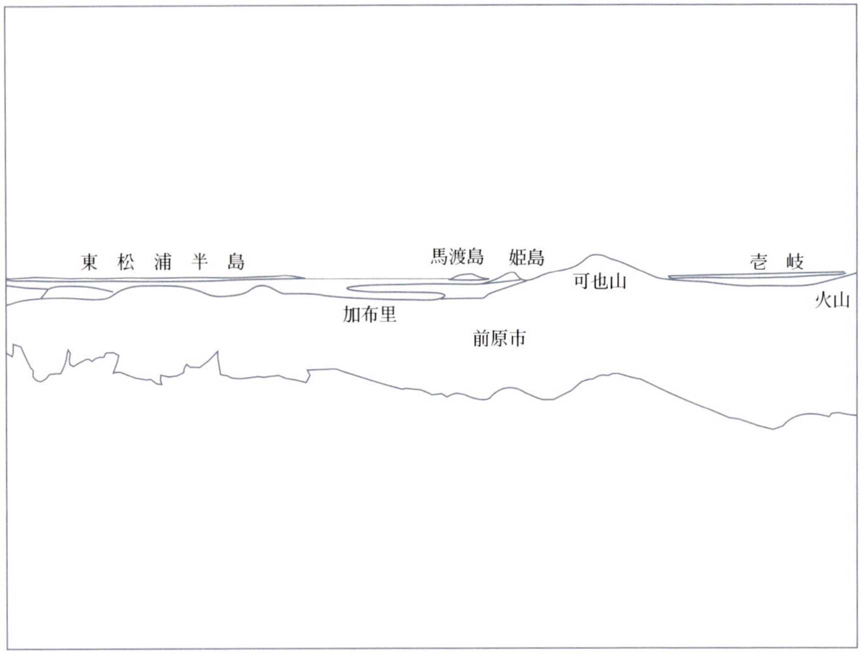

高祖山（日向峠付近から）**の北西，韓国《からくに》に向かう伊都国**

日向峠に立って

日向《ひなた》峠、そこを越えるたびに遠い夏の日が鮮やかによみがえる。それは一九八五年八月十五日、金達寿《キムダルス》氏とのこの峠の眺望所での出来事である。

その時の詳しい様子が金達寿著『日本の中の朝鮮文化⑩』に次のようにある。私事で気がひけるが、引用させてもらうことにする。

*

〈松尾さんは私たちを乗せたクルマを、西に向かって走らせた。脊振山地が東北へ向かって張り出した山中で、クルマはその山中の舗装された坂道を登ったかとみると、急に目の前が開けた峠となった。その峠には眺望所といったような広場があって、松尾さんはそこにクルマをいれてとめた。みるとそこに「日向峠」とした標識があって、

「この峠は北西の平原遺跡によって千八百年前（弥生時代）からの古代名をもつ日本神話を伝承する土地と考えられています」

とある。

「おう」とそのときになって私は気がついたが、眼下にひろがっている光景は前原町、志摩町となっている糸島平野のそれであった。左手には見なれている可也山が立ちそびえ、さらにその左手の海中には姫島らしい島も見えた。

「ああ、ここは……」と声をあげて、松尾さんの顔を見た。

「……そうです」と松尾さんはうなずいた。松尾さんはそれまでだまっていたが、意識的に私たちをその日向峠へつれてきたのであった。

「筑紫《つくし》（竺）の日向《ひむか》の高千穂の、そこですね」と私は、胸のうちがふるえるような感動をおぼえながら言った。「『此地《ここ》は韓国《からくに》に向かい、笠沙《かささ》の御前《みさき》を真来《まき》通りて、朝日の……』何といいましたっけ」

「直刺《たださ》す国……」

「そう、そう。『朝日の直刺す国、夕日の日照《ほて》る国なり。故《かれ》、此地は甚吉《いとよ》き地《ところ》』でしたね」

「そうです。東のあちらがその『朝日の直刺す国』の早良であり、こちらの西が『夕日の日照る国』の糸島で、あの海の向こうが韓国《からくに》の伽耶《かや》です」

松尾さんはいま私たちがそこから来た飯盛山麓の早

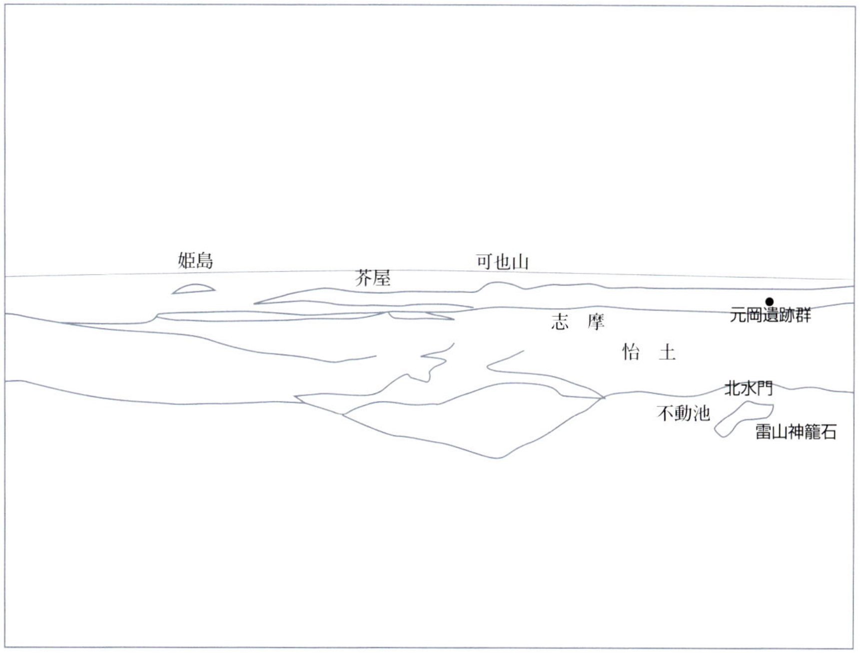

雷山山中から 韓国《からくに》に向かう怡土・志摩。

良平野を指差し、次いで眼下の糸島平野から、海のほうをさしながら言った。私たちはちょうど、その早良と糸島との接点となっている峠にたっているのであった〉

＊

金達寿氏が「胸のうちがふるえるような感動」を覚えた光景、韓国に向かうそこは、金氏が一九八一年三月、三十七年ぶりに踏むことができた故郷の地・慶尚南道にも向き合う地である。

〈三十七年ぶり、とひと口でいいますが、しかしいろいろな意味で、それはじつに長い歳月でありました〉と、その後の著書で述べておられるように、それは、そこへの郷愁とあわせて、日朝両国の歴史のはざまに翻弄され続けたご自身の人生に想いが至る光景でもあり、また、それは「皇国史観」によって歪められた虚構の日本史に対し「日本の古代史とは、古代朝鮮との関係史である」との一貫した主張に大いなる確信を与えてくれる光景だったに違いない。

この光景を目の当たりにして交わされた先の会話は、『古事記』にいう日本建国神話、いわゆる「天孫降臨」段の、

「此地は韓国に向かい、笠沙の御前を真木通りて、朝日の直刺す国、夕日の日照る国なり。故、此地は甚吉き地」

というくだりで、天孫ニニギノミコトが三種の宝器と三神を伴い、筑紫の日向の高千穂の久士布流多気《くしふるたけ》に降臨した際の詔《みことのり》の一節である。

この日本建国神話は、伽耶の国を開いた首露《すろ》王がキシ・クシ（亀旨）という峰（亀旨峰《くじぼん》）に三種の宝器を持ち、三神を伴って降下して国を開いたという「伽耶」の建国神話と同一のものとされている。

もちろん、向き合う「韓国」とは、高句麗・百済・新羅と並存した古代国家・伽耶のことで、『倭人伝』にいう狗邪韓国、『魏志』韓伝にいう弁韓《べんかん》の地、現在の韓国南部の釜山を中心とする慶尚南道一帯、洛東江流域の金海の地がそれであり、天孫の故郷でもあるそこはまた日本の倭の故地でもある。

その「伽耶」に向き合う「甚吉き地」、いわゆる「天孫降臨」の舞台となった地を『古事記』は、先に

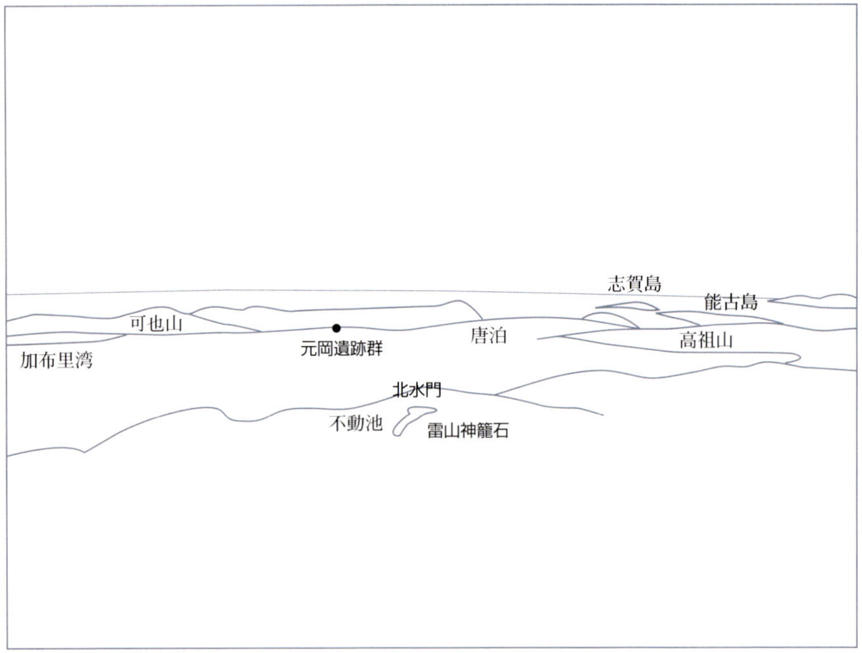

雷山山中から　高祖山，博多湾方面を望む。

見たように「筑紫の日向の高千穂のクシフルタケ」としている。

「筑紫の日向」と言えば、伊都国には、「弥生時代からの古代名を持つ」日向峠がある。

日向峠は、脊振山地――この「せふり」は朝鮮語で「首峰・長山」を意味するセプル・セブリからのものであるが――の北麓の王丸山と高祖山の南の峰・クシフル峰《たけ》との山間を縫って怡土から早良《さわら》へと抜ける古代からの峠で、その北西の眼下に広がる伊都国は、壱岐・対馬を挟んで、まさに天孫の故郷、韓国《からくに》・伽耶に向き合う地《ところ》である。

その北岸の志摩半島は『和名抄』に韓良《から》郷、鶏永《けや》郷とあり、大宰府の「観世音寺資材帳」には伽耶郷となっている地である。

この志摩半島について、福岡市西区太郎丸（一九六一年まで糸島郡元岡村太郎丸）出身の笠政雄氏による「韓良考《からこう》」という論文がある。古代朝鮮南部にあった伽耶国について説明し、続けて次のように述べている。

＊

〈さて、我が郷土糸島の地に思いをめぐらせば、今の、北崎の地（唐泊のあたり）を古く韓良郷と呼んでいた外に、同じ『和名抄』に出ている鶏永郷があり、それよりも古い奈良の時代に、『万葉集』に出た可也の山がある。（略）山が多くの場合、地方の代表として眺められ、冠するに地方の名をもってされることの多いことから考えれば、可也山の可也の呼称も、また地方的な名称であったのではあるまいか。

いま韓良・鶏永・可也の古地方名が、カラ系統の地名であることは誰しも思い至るであろう。カヤとカラとの混同転訛《てんか》は、前述朝鮮の古国名にすでにこれを見るし、カヤがケエまたはケヤに転ずることは説明を要しない。

（略）文献なき有史以前もしかしたら、この地は大きくカラの地と呼ばれていたのではあるまいか。七郷の比較的新しい名に較ぶれば可也の名こそは、千古変わらないあの山の雄姿の如く古く、今は問うによしもない先住民族の記念の一片として、古い古い言葉が謎のように残されているのではあるまいか。

もし、この大陸に向かって出張った我が志摩半島が、

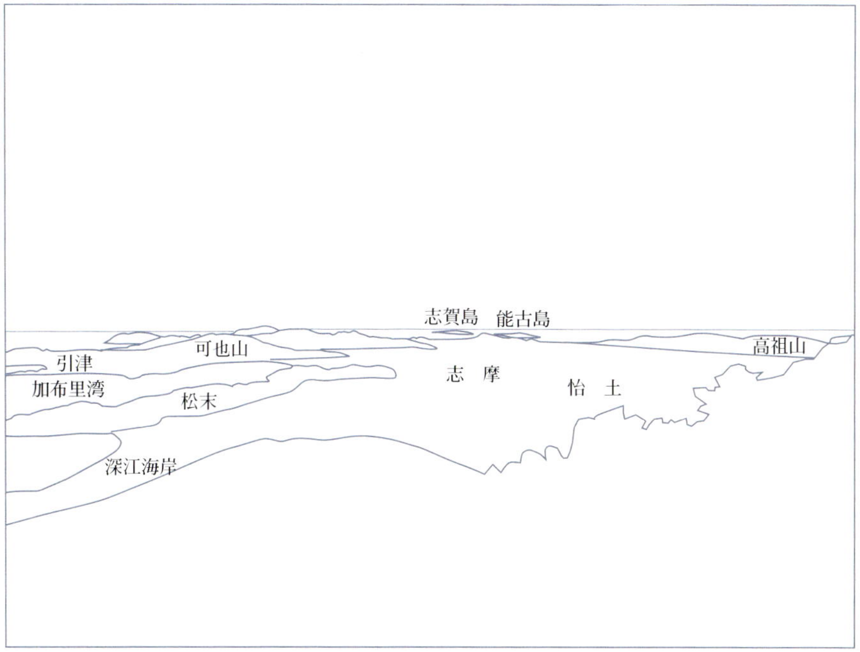

二丈岳山頂から　高祖山からの朝日が直刺す伊都国。

三国時代の領域

カラとかカヤとか呼ばれていたとしたら、この地は古朝鮮民族の占拠地か植民地ではなかったろうか〉（傍点も笠氏）

＊

笠政雄氏は私が糸島高校一年生の時の組担任をしていただいた恩師でもあるが、金達寿氏の著書で初めてこの「韓良考」を知ることになった。すばらしい論文であることはもちろん、その著書が第二次世界大戦中の皇国史観の吹き荒れる、官憲の弾圧厳しいさなかのお仕事と聞き、なおいっそうの感銘を受けたものであった。

地名は、墓制と同様に、輸出入や交易には全くなじまない非常に保守的なもので、人の移動なくして地名の移動とその定着はありえず、その命名は常に征服者の意に沿ったものとなる。

「問うによしもない先住民族の記念の一片として」のカヤの名も、「伽耶」からの移住者が、故郷の大地とそこに聳える霊峰「伽耶山」への断ちがたい郷愁から、新しい大地を「カヤ」と、その中央に立ち聳える秀麗な山を「カヤ山」と、呼びならわしたことに始まったものに違いない。

「カヤ」、この古い古い言葉が謎のように残されているここには、『万葉集』に「草枕旅を苦しみ恋ひ居れば可也の山辺にさ男鹿鳴くも」（巻十五・三六七四）と歌われた秀麗な山・可也山が聳え立ち、そこを中心に可也海、可也原《かやばる》、芥屋、唐泊《からとまり》、加布里、加布羅《がぶら》など多くの「カラ・カヤ」系統の地名が、今も「占拠地か植民地」のごとく千古変わらず生き続けている。

韓国に向かう伊都国は澄み切った初秋の大気の中にある（雷山山中から） 中央は深江漁港と松末《ますえ》，後ろは加布里湾と船越《ふなこし》，可也山。姫島の沖は壱岐。

夏の引津湾と可也山　引津の亭《とまり》に船泊《は》てて作る歌（遣新羅使の歌）「草枕旅を苦しみ恋ひ居れば可也の山辺にさ男鹿鳴くも」。
「さ男鹿」の「さ」は「山」の義で，「山牡鹿」のこと。遠い山脈は脊振山地。

朝日の直刺す国①（立石山から） 秋，朝日は可也山の真上にある。引津湾と船越の向こうは加布里湾。
長く横たわる脊振山地は左から高祖山，王丸山，雷山，羽金山，二丈岳。

朝日の直刺す国 ②（立石山から） 可也山（右端）と志摩半島の山々はシルエットになって浮かぶ。
中央の山は火山《ひやま》，左へ天ケ岳，彦山と玄界島。手前の入江は芥屋海水浴場，大きく湾曲した海岸線は幣の浜（小金丸の浜）。

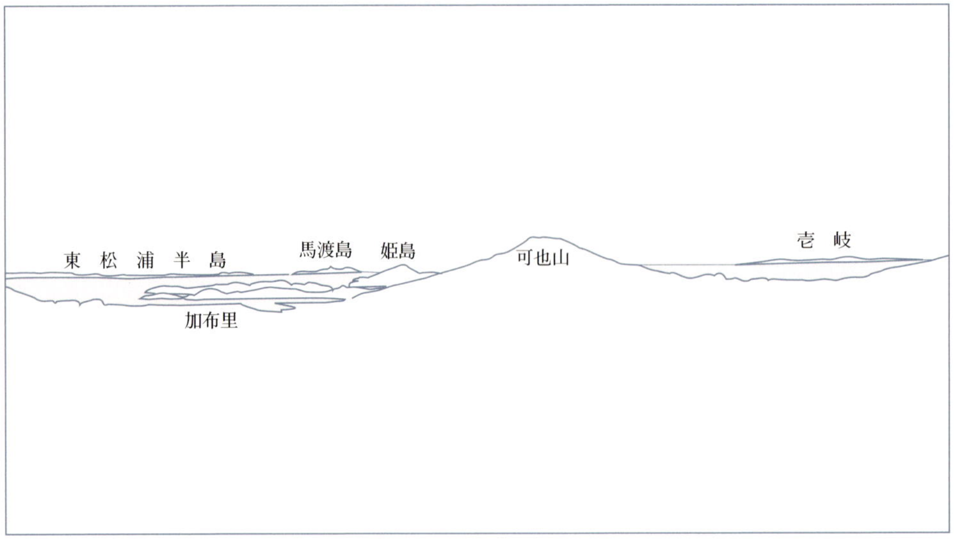

夕日の日照る国・伊都国　日向峠付近から望む可也山。

秋，雷山山頂から　夕日に輝くススキの向こうは二丈岳の山腹と末盧の島々。右は姫島，壱岐と糸島半島西端の芥屋，船越。

此地は韓国に向かい，夕日の日照る国（雷山山中から） 初夏の夕日は加唐島の真上にある。
姫島と壱岐，中央は深江漁港と松末，入海は手前に加布里湾，右端は可也山，その左は志摩半島西端の船越，芥屋。

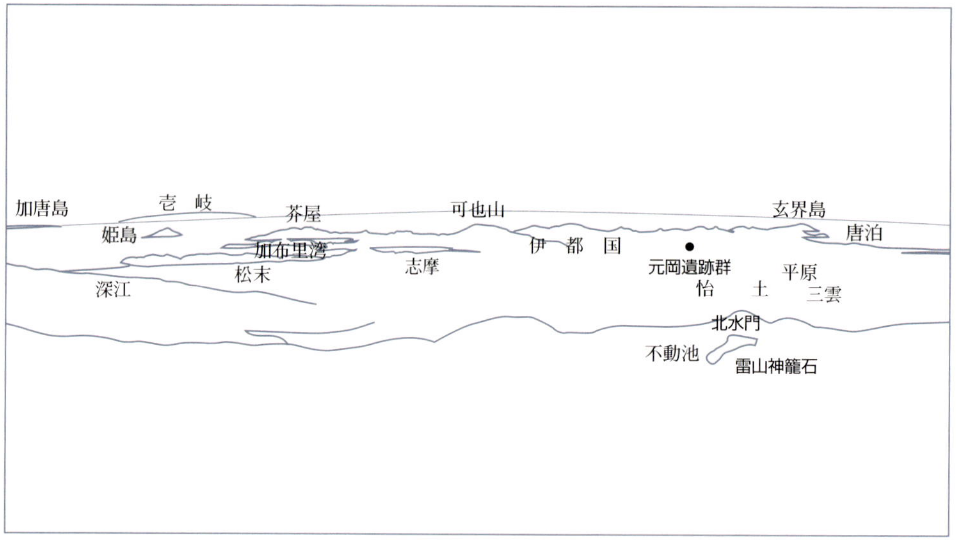

此地は韓国に向かい，朝日の直刺す国，夕日の日照る国（雷山山中から）　金達寿氏の短編小説に『対馬まで』がある。帰ることのできない故国，その山影を見るために同胞と三人，対馬北端の千俵蒔山《せんぴょうまきやま》を訪れる話である。最初の登山は厚い雲に覆われてそれを見ることができず，１年後再び訪れた晩秋の日，そこは見事な快晴に恵まれ，念願の故国・釜山の山影を見ることができたという感動的な短編である。少年の日，祖母や両親と共にあった故国を遠望できた瞬間の様子が次のようにある。〈登りつめた。見えた。次の瞬間，私は声をふりしぼって叫んでいた。「ボヨッター！　ボインダー（見えた！　見えるー）」つづいて登りついた二人も，それを見た。朝鮮の地，その山々であった。……私たちは三人とも，ただ茫然となったようにそこに立ちつくした〉

人は，故国に帰る自由を奪われた時ほど悲しいことはない。日本敗戦の日の大連は真っ青な空の暑い日であったが，敗戦を告げる玉音放送に母は泣き伏した。

それは対戦国の地で聞く祖国の敗戦という恐ろしい事態であると同時に，祖国への帰国とそこへの通信の自由を奪われた瞬間でもあった。その冬，大連は雪が多く，母は二重窓の向こうに広がる大陸の冬景色を眺めては，内地は冬でも赤い花が咲くよ，を枕詞にして温暖な母の故郷・糸島の話をよく聞かせてくれた。子供心にも母の望郷の念を強く感じたものであった。赤い花とは椿の花であったことを引揚後に知った。

この故国ということでは，心に突き刺さる大きな問題がある。北朝鮮による拉致被害者の存在である。酷寒の北朝鮮の地で，故国へと続く空や海を見ては，胸のはりさける想いで帰国を待ち望む被害者のことを思うと，一日も早い救出を願わずにはいられない。

帰ることのできない故国。多くの人々から故国を奪ったこの問題の根源には，皇国史観教育による軍国主義がある。日本帝国主義はこの狂気の史観，「神国日本」などに依拠して今の中国東北地方に傀儡国家・満州国をつくり，朝鮮半島を植民地とした。故国問題のすべては，この傀儡国家の建設と「日韓併合」，いわゆる朝鮮半島の植民地化に起因するものであり，この侵略志向・軍国主義を正当化し強力に支えたもの，それが皇国史観教育による虚構の日本古代史にあったことを我々は決して忘れてはならない。

渡来者の来た海路

今宿大塚古墳

朝鮮半島南部にあった古代の国・伽耶諸国からの渡来者は、水稲耕作、製鉄、製銅の技術に加えて矛《ほこ》（剣）、鏡、玉などをもって太陽神を祭る宗教など、日本の夜明けを告げるさまざまな弥生文化をもたらしたが、その渡来者について金達寿著『古代日朝関係史入門』から見ることにする。

〈朝鮮からの渡来と言った場合、その文化や習俗を持って来た者、これは今日でいう朝鮮人でもなければ日本人でもなかったということに留意していただきたい。と言うのは、ご承知のように、民族としての日本人、あるいは民族としての朝鮮人というのは、ごく近い時代の概念である。はっきり言ってしまうと、民族とか国家とかいうのは近代的概念である。

つまり民族というのは、歴史的に形成されたものだということである。われわれは日本人とか朝鮮人とかいうけれども、これはこの数百年のことであって、千数百年前には民族としての日本人とか朝鮮人とか、そういう言葉もなければ、そういう概念もなかった。

だから、朝鮮半島から人がたくさん渡来してきたと言っても、それはただの人間であった、あるいは人種であった。あるいは部族、氏族といわれるものであった、こういうふうに理解していただきたい〉

民族・国民とは歴史的に形成されるもので、古代にはそのような民族・国民としての「朝鮮人」や「日本人」などありはしなかったということである。

原始からの夜明けを告げる弥生文化を携えた渡来者群には、時間差はあるが、族長や家長に率いられた家族的な倭人移住者、あるいは建国神話・天孫降臨伝説を持つ伽耶の権力的な豪族に従った武装集団などさまざまな形態があったに違いない。

いずれの集団も、その多くは伽耶の地である洛東江下流域を拠点に、北部九州沿岸を目指し、『倭人伝』の道程記事と同じ、対馬－壱岐－末盧と島伝いの海路をたどり、幾世紀にもわたり陸続として続いたものと思われる。

当然ながら渡海には、外洋航海に耐える船の建造技術を有し、豊富な航海で得られた潮流・天候の予知はもちろん、航路を熟知し、操船の術にもすぐれ、加えて航路にあたる港々に縄張りを持つそれぞれの顔役などにもよく通じた、海の民・倭人海洋民の存在を抜きにしては考えられない。

この海に生きる民とは、伽耶南端とその多島海域（浦上八国《ほじようはつこく》など）、対馬、壱岐、北部九州沿岸を拠点として「船に乗りて南北に市糴《してき》」する海の民、後の倭寇（松浦党）や、安曇《あづみ》族、宗像族などに変容する倭人海洋民がこれにあたるものと考える。

温暖な気候、豊饒の海、豊かな水、肥沃な土地、倭人移住者集団、いわゆる弥生時代人が最初の安住地と

干拓地　元禄年間（1688−1704）の干拓，道目木《どうめき》の「元禄開」と脊振山地。

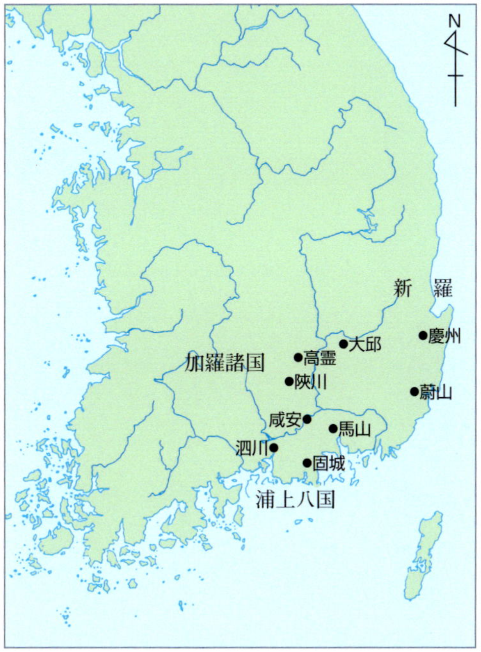

「浦上八国」と「加羅諸国」の地理的関係

したのは、波穏やかな入り江や潟周辺に沿った小高い丘陵地だと思われる。そこは魚貝類などの食料も豊かで、当時、唯一の交通・運搬手段である舟の往来が時《し》化《け》に左右されることもない。

しかし、倭人社会が共有したこの恵まれた新天地も、やがては、大挙して移住して来た伽耶の武装集団・古墳時代人に取って代わられることになる。

入り江・潟を征し、倭人社会に君臨する武装集団の長は、その権力の象徴として、故地での墓制・伽耶式古墳の築造を競うことになる。

というのは、伊都国における前方後円墳や円墳などの古墳群は、糸島水道があったとされる両岸、そこに注ぐ瑞梅寺《ずいばいじ》川、長野《ながの》川、雷山川のそれぞれの河口周辺、あるいは入り江に突き出た丘陵など、各水系単位に築かれていて、どれもが水辺に沿った小高い丘の稜線の先端、またはその近くに位置しているからである。

いずれも周囲の展望にすぐれた立地は当然だが、それ以上に舟からの光景を優先した立地と築造物だということが見てとれる。

水上が唯一の交通路であった当時、小舟から仰ぎ見る丘陵上に築かれた巨大な前方後円墳や円墳の目的が、そこを行き交う人々に対して、その縄張《しま》、いわゆる制海権・水利権の誇示にあったことは、各水系の要衝に位置するそれぞれの古墳群がよく物語っているのではないだろうか。

水は稲作や製鉄には絶対に欠かせないものであり、水系ごとに、それぞれに君臨する族長・首長がいて、さらに、それらを大きく束ね、より広い水域を制した者が当時の国、現在の郡単位ほどの国を支配する王でありえたと考える。

そのことは、壱岐・対馬はもちろん、末盧・奴・不弥・伊都などの国々が、かつては散在していた入り江・潟を中心にそれぞれの小国を成立させていて、江戸期に盛んになった干拓事業以前、それぞれが水辺の国・水の王国としての面影をまだ色濃く残していたことは、各市町村に今も残る干拓史資料や小字名によっても明らかである。

中でも、さしたる穀倉地帯もない「水辺の小国・伊都国」が強大な国家になり、夥しい古墳や堅牢な山城を築いた背景には、水稲耕作や入り江・潟から得られる富をはるかに凌ぐ何らかの生産物があり、その生産に従事する先進的な技術集団と、生産物の交易には不可欠な、航海にたけた海洋民を掌握した強力な統率者・王の存在があったに違いない。

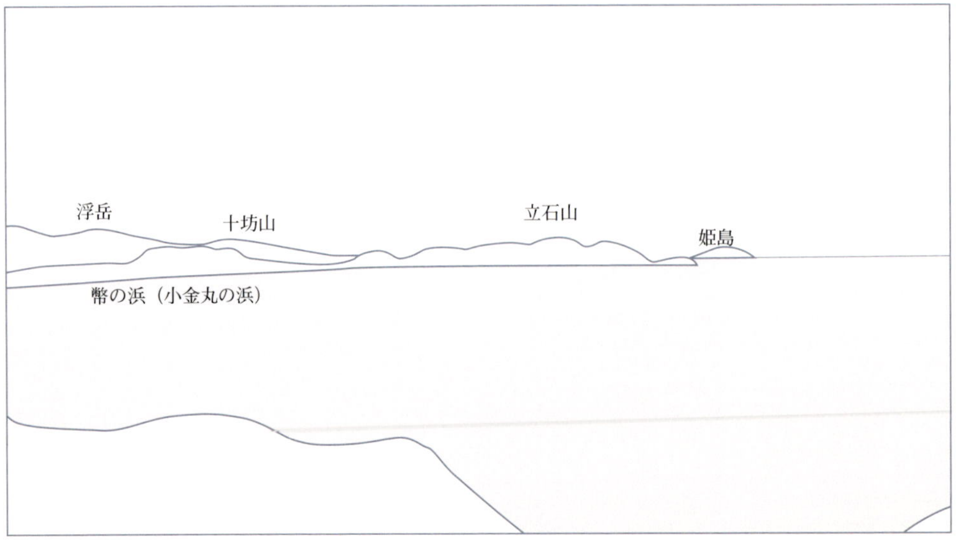

伊都国へ（彦山から）　渡来者の来た海，夏の玄界灘。

渡来者の来た夏の海（彦山から）　凪の玄界灘。伊都国はもう近い。壱岐の手前の小さい島は烏帽子灯台。

冬の玄界灘　大口海岸と彦山。左手奥に二見ケ浦の鳥居。

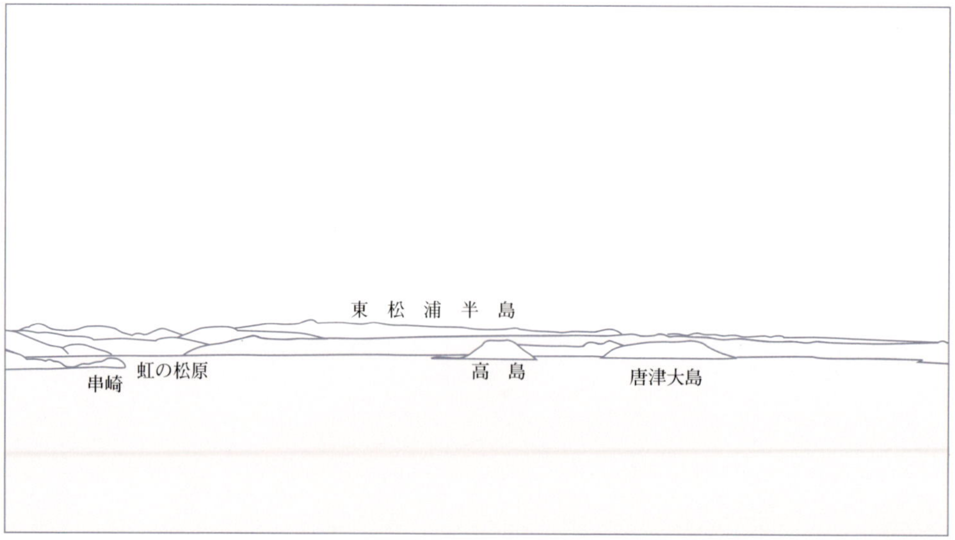

末盧の国から伊都国へ（立石山から） 天日槍《あめのひほこ》も見た海。唐津湾と高島，東松浦半島の秋の夕景。

夏の玄界灘（彦山から）　左から芥屋，立石山，芥屋の大門と姫島，加唐島，壱岐。

夕焼けの海に浮かぶ東松浦半島とその島々（白木峠付近から） 神集島（狛島），馬渡島，松島，加唐島，小川島と壱岐。右手前は福吉漁港とその沖には姫島。

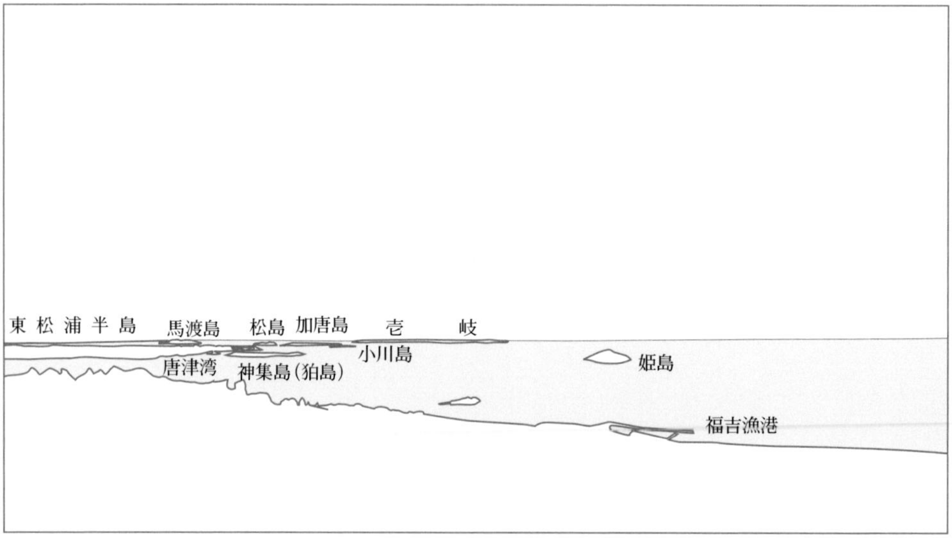

残照と漁火の海（白木峠付近から） 夏，凪の玄界灘に漁火と末盧の島々，壱岐が浮かぶ。右手前は福吉漁港の灯り，その沖の姫島も漁火の中にある。

道目木の干拓地「元禄開」と脊振山地　水を張った休耕田には水草が生え，干拓前を彷彿とさせる。

夏の干拓地と脊振山地　嘉永年間（1848–54）の干拓，志摩町御床《みとこ》の「嘉永開」。7 月 3 日の梅雨の晴れ間。

天日槍

天日槍《あめのひぼこ》というのは、日本に弥生文化、すなわち鉄器を伴う水稲耕作文化をもたらした者として非常に重要な存在になっているが、同時に神社・神宮、さらには三種の宝器の矛（剣）・鏡・玉などで太陽神を祭る宗教をもたらしたことでも広く知られた人物でもある。

『日本書紀』の記述には、「化帰《かき》」した「新羅の王子・天日槍」とあり、『古事記』には、「渡来してきた新羅の国王の子・天日矛」とある。

化帰とは帰化のことであり、日本という統一国家もなかった当時、「帰化」などの言葉はありえようもないが、それはさておき、この天日槍とは、そういう固有名詞を持つ一人の人物を指すものではなく、日本に近世の産業革命にあたる鉄の生産と鉄製の武具、農・土木器具の製造と使用を掌握し、全国に展開していった伽耶からの先進的な渡来人集団の象徴としての呼称ということで理解されている。その伝承は全国の広範な地域にいろいろな形で語りつがれている。

レンゲ畑の向こうは天日槍を祀る宇美八幡宮の杜（前原市川付）

＊

では、この日本の国を開いたとされる〝天日槍集団〟に関わる伝承を伊都国とその周辺で見ることにする。

まず『筑前国風土記』（逸文）に、〈われは高麗《こま》の意呂山《おろやま》に天降った日矛《ひぼこ》（天日槍）の末裔の五十迹手《いとで》なり〉というくだりがある。

五十迹手とは『日本書紀』のいう「伊覩の県主の祖五十迹手」のことであり、「伊都の県主」とは『倭人伝』にいう「伊都国王」のことである。天日槍は伊都国王の祖ということにもなるが、その日槍のことが糸島郡教育会編『糸島郡誌』に次のようにある。

〈「而《しか》して天日槍はまず新羅往来の要津たる伊覩《いと》を領有し、此《ここ》に住して五十迹手《いとで》の祖となり、更に但馬《たじま》に移りて但馬家の祖となりしなるべし」（久米邦武『日本古代史』に拠る）。案ずるに、久米邦武氏曰く、「筑前雷山に存する神籠石は其《その》（天日槍を指す）築きし古蹟《こせき》なるべし。其南の肥前山中に墓家の石窟夥しく存す。これ古き殖民地なるを証するものなり」と。而して長野村県社宇美八幡宮祭神六座の内気比《けひ》大神あり。越前国官幣大社気比神宮の祭神と同一の神にして、天日槍《あめのひぼこ》を祀れるなり〉

ここにいう、「天日槍の築きし雷山の神籠石」とは、脊振山系雷山の北斜面の高地（標高四二〇メートル）・筒原《つつばる》に築かれた朝鮮式の古代山城のことで、その北側の水門や石塁は、重さ二、三トンの巨石の切石をきっちり組み合わせた巨大なもので、一五〇〇年以上の時を経た今もビクともせず残っている。

この朝鮮式山城の所在地・筒原のツツは、朝鮮語で「城」を意味するサシの異形態であり、バルは「峰」

の意のブル・ボルから来たもので、「城の峰」すなわち筒原ということである。
「山中の夥しい墓家の石窟」とは、石室を巨石で囲み土を盛った古墳、俗に「鬼ぐら」と言っているそれが脊振山中に夥しくあり、これは伽耶の殖民地の証でもあるということである。
なお、天日槍を祀る長野村県社宇美八幡宮とは、現在の前原市長野の宇美八幡宮がそれである。

＊

この宇美八幡宮と天日槍について、『座談会 朝鮮と古代日本文化』所収「伊都国と朝鮮」という座談の中に、次のような奥野正男氏と金達寿氏とのやりとりがある。
〈**奥野** 天日槍というのは但馬もそうですが、製鉄ですね。伊都国が強大な国家となっていく背景にはやはり新羅系の製鉄集団の存在があるのではないでしょうか。糸島の場合は製鉄遺跡の学術的な発掘が進んでいませんが、高祖山の山麓の今宿には前期の若八幡宮古墳、鋤崎古墳、飯代（飯氏《いいじ》の誤り？——引用者注）古墳などが集中し、須恵器の窯址や須恵器を共伴する鉄滓出土地が、きょうご案内したように、ひじょうに広い範囲で分布しているんです。これは宇美八幡周辺にもあって、カジヤゾノとかカネダという地名が残っていたり、宇美八幡のすぐ下の田んぼから鉄滓が表面採取されています。
金 天日槍とかかわる伝承地は、全部といっていいくらい製鉄がついてまわっているようですね……〉

宇美八幡宮の参道は川へ 上流は白木川。

天日槍とは、まさに新羅・伽耶系渡来人集団の象徴であり、この集団の伝承は、先にも見たように、全国に広大な分布を持つが、その最初の拠点ともされている伊都国には、その伝承地も多く、そこには必ず、製鉄に関係する地名と姫神を祀る神社や新羅からのそれである白木神社などがついてまわっている。
宇美八幡宮の近くには、先のカジヤゾノ、カネダのほかにも、タタラ、大鍛冶屋、鍛冶屋畑などとともに、新羅ということの白木口の地名があり、清流白木川もある。さらに隣接する二丈町深江の松末《ますえ》には、タタラ崎、上竈《かまど》、下竈などもある。
また、糸島半島にはスエの付く地名が、この松末のほかに末松《すえまつ》、末永《すえなが》とあるが、このそれぞれのスエは鉄を意味する朝鮮語の「スェ」からのもので、製鉄に関係する地名だと考えられている。先に見た須恵器のスエもこれと同じで、「伽耶を源流とする鉄のように硬い焼き物」ということから、この素焼きの土器のことを須恵器というのであるが、このスエの付く地名は全国に二〇〇〇カ所近くもあって、その多くは古代の須恵器または鉄の生産に関わった地域とされている。
宇美八幡宮に隣接する深江には、この天日槍の外孫とされている神功皇后・息長帯《おきながたらし》比売《ひめ》を祀る鎮懐石八幡宮がある。その沖合には姫神を祀る姫島、その先には、これも姫神を祀る田島神社で有名な加部島、かつての姫島を見ることができる。古代の航海の要衝には姫神の伝承地が多いが、そこはまた鉄の来た道でもある。
さらに高祖山の西側斜面には、これも本格的な朝鮮式山城として知られている怡土《いと》城があるが、この城域内にも、天日槍の嫡妻《ちゃくさい》ということになっている高磯比《たかそひ》咩《め》、すなわち比売許曾《ひめこそ》の神・赤留比売《あかるひめ》を祭る旧怡土郡一の宮の高祖神社がある。

金達寿氏はこの姫神・赤留比売について、「天日槍の嫡妻ということになっていますが、これはそんな嫡妻といったものではなく、天日槍集団に伴って重要な役割を果たしたシャーマンではなかったかということです」と述べておられる。

＊

この座談の三年後の一九八一年、製鉄遺跡の学術的な発掘が遅れていた糸島郡志摩町で、八世紀後半とされる八熊《はちくま》製鉄遺跡が発掘調査されている。場所は可也山北麓の志摩町西貝塚、かつての可也塚の丘陵上に位置していて、ここから一キロ程西の引津湾沿いには新《しん》町《まち》遺跡と御床《みとこ》松原遺跡がある。

新町遺跡は、弥生早期の支石墓群検出地として、また御床松原遺跡は貨泉、半両銭、カマド付住居、伽耶系陶式土器、古式須恵器などの検出で、どちらも全国的に広く知られた遺跡である。この両遺跡は、正確には可也山西麓の入り江、可也海に面した可也原と貝原と呼ばれる地に位置している。

宇美八幡宮の参道から朝鮮式山城（雷山神籠石）の所在地・筒原を望む

この両遺跡と至近の八熊製鉄遺跡について、糸島新聞社発行『伊都国遺跡ガイドブック』から見ることにする。

〈当時、県内でも本格的に発掘された大規模製鉄遺跡であった。検出された遺構は、製鉄炉七基、竪穴遺構七基、炭窯一基、出土した遺物は、製鉄炉の壁体や炉に風を送る送風機や須恵器、そして大型トラック数台分の量にも上る鉄滓であった〉

この八熊製鉄遺跡のある丘陵のすぐ北には、玄界灘の波が寄せる幣《にぎ》の浜がある。良質の砂鉄が豊富なことで知られるこの白砂青松の浜を、地元では昔から「小《こ》金丸《がねまる》の浜」と呼び、深く親しんできた。

ガイドブックには続けて、〈鉄を作るには、原料となる砂鉄と炉の燃料となる木炭、そして製鉄をよく知る技術集団が必要である。良質の砂鉄を産する海岸と木炭を作るための豊富な自然資源をもつ志摩半島。加えて製鉄技術をわが国に伝えた朝鮮半島の諸国に近いという地理的好条件も備えている〉とある。

良質の砂鉄を産する海岸と製鉄技術をわが国に伝えた朝鮮半島とも近い地理的好条件を備えた志摩半島には、その後も、八世紀前半といわれる古代の大規模製鉄遺構・元岡桑原《もとおかくわばる》遺跡群が発見されている。場所は福岡市西区元岡の桑原地区と呼ばれる九州大学移転用地で、今津干潟の西に位置する丘陵地である。

新聞でも連日大々的に報道されたが、要約すると、「一九九九年、元岡桑原地区で大規模な製鉄遺跡群が発見された。約三十基以上の大型製鉄炉跡は日本最大の古代製鉄遺構で、ほかにも前方後円墳七基、円墳六十基が相次いで確認された」とある。

この大規模製鉄遺跡群と古墳群（総称する場合は「元岡遺跡群」とする）が確認された桑原地区は、かつては南東が今津湾とつながる入り江に面した丘陵地で、良質の砂鉄が豊富な長浜海岸（大原《おおばる》海岸）とは海でつながっていたことになる。

＊

この元岡遺跡群の発見で一躍有名になった桑原だが、つい最近、「桑原」地名について触れた李炳銑《イビョンソン》氏の『日本古代地名の研究』という学術書を読む機会を得た。そこには桑原について次のようにある。

〈桑原・ソアラは韓国の首都のソウルと同じで、「京」・「首邑」を意味する韓国語である。福岡市の祖《そ》原《あら》・早良《さわら》・春日市の惣利《そうり》などもこれと同じである。桑《そ》原《あら》（soro-bara）はSoroの第二音節のroが脱落し、baraのbがfの過程を経てh音化したものでその変化は次のようになる。

(soro-bara)→(so-bara)→(so-fara)→(so-hara)〉

「桑原」とはソアラに当てられた漢字で、その意味は韓国の首都であるソウルと同じ「都・王の居住地」ということから来たものだった。これは古代韓国語を日本式読み方の漢字の音・訓から生じる音声を借りて書き表した、いわゆる上代日本の万葉仮名の書き方であり、古代韓国の「吏読《いどう》」（吏読《りと》ともいう。古代韓国語を韓国式読み方の漢字の音・訓から生じる音声を借りて表記した古代借字文）の表記法、すなわち漢字を使って自国語を表記する方法である。ソアラを桑原と表記したため、いつしかクワバルと呼ばれるようになったと思われるが、これは金《キム》が金武《キム》や吉武《キム》と表記され、金武《かなたけ》、吉武《よしたけ》になったのと同様である。このように、当てられた漢字によって呼称が変わった地名はアイヌ語地名を含めて日本各地に無数に存在する。

宇美八幡宮境内のドルメン　遠くの山は雷山。

古代、この桑原丘陵の南はかつての糸島水道に面していて、対岸の怡土平野とその背後に聳える脊振山地の高祖山、雷山など、そこは伊都国を一望できる要衝の地にある。古代の製鉄全盛期、ここには大きな港があり、伊都国の政治・交易の中心地として大いに栄えた「王の居住地・都邑」であっただろう。桑原《ソアラ》という地名からも、大規模な製鉄遺構や確認された多くの古墳からもその可能性はきわめて大きい。

なお、桑原に隣接して白木神社を祀る村落草場《くさば》があるが、伊都国にはこのほかにも、古代の製鉄に関係ある四カ所のタタラ地名と四つの白木神社がある。タタラ地名は、八熊遺跡、元岡遺跡と同様に、すべてが海に面している。

＊

以上、伊都国における天日槍の伝承のいくつかを見てきたが、穀倉地帯もない伊都国が強大な国となった背景には、天日槍に象徴される伽耶からの先進的な製鉄集団の存在が大きく関わっていたことが分かる。

古代において、鉄製産を掌握する者は万人の支配者として君臨し、それに伴った神がかりの巫女《みこ》・シャーマンが赤い炎で鉄を溶かす神秘的な光景は、まさに神の領域であり、巫女のふるまいは、神そのものとして大いに畏れあがめられたことであろう。

この、支配者に伴って万人を惑わす重要な役割を果たした巫女・シャーマンこそが、天照大神・赤留比売であり、神功皇后や邪馬台国の女王・卑弥呼であったとする人は多い。

また、韓国《からくに》に向き合う伊都国を「此地は甚吉き地」と詔した天孫アメノヒコホのニニギノミコトは、「新羅往来の要津たる伊都国を領有した」天日槍を思い起こさせる。

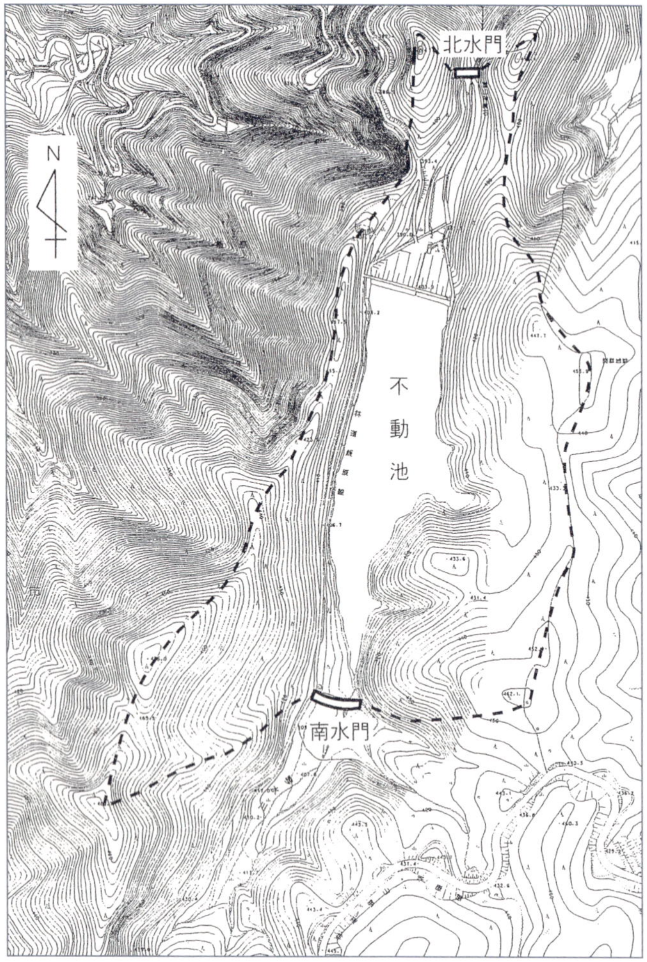

雷山神籠石周辺図（『伊都国遺跡ガイドブック』より）

雷山神籠石の北水門　これが『糸島郡誌』にいう「天日槍の築きし古蹟」・雷山神籠石（朝鮮式山城）の北水門である。いつの時代の誰の手によるものかは定かでないが，伽耶系渡来人の象徴としての天日槍の名があることからも，朝鮮式山城の怡土城と同様，渡来人の手になることは確かで，重さ2，3トンの巨石の切石で組み合わせた水門と石塁は，1500年以上の時を経たであろう今もビクともせずに残っている。朝鮮式山城の特徴は，かなり険しい山でしかも頂上部に相当な平面があり，水が豊富で，そして平野に近い。というのは，朝鮮の山城は，いわゆる逃げ城と同じで，緊急時に村落民全員がたてこもることを考慮して造られていて，農作業に従事する人々の居住地，平野に近いことと，水量の多いことがその絶対条件とされた。「座談会 朝鮮式山城をめぐって」（『日本の中の朝鮮文化』第29号）の中に，李進熙氏の発言が次のようにある。〈朝鮮式山城にのぼると眼下に平野がひらけます。それは盆地というよりも沖積平野です。そうすると沖積平野の開拓の時期と神籠石といわれる朝鮮式山城の関係を無視出来ないのではないか。つまり沖積平野を開拓した渡来集団が，その沖積平野に定着する時期に故国でのそれにならった城をつくり，付近に古墳（後期）をのこしたとみるのが自然ではないか〉。伊都国のそれは立地といい，筒原からの眼下に広がる光景といい，李氏の見解と鮮やかに一致する。伊都国の中心地とされる三雲区，井原区，曽根区などの各遺跡群はすべてこの沖積平野に位置している。

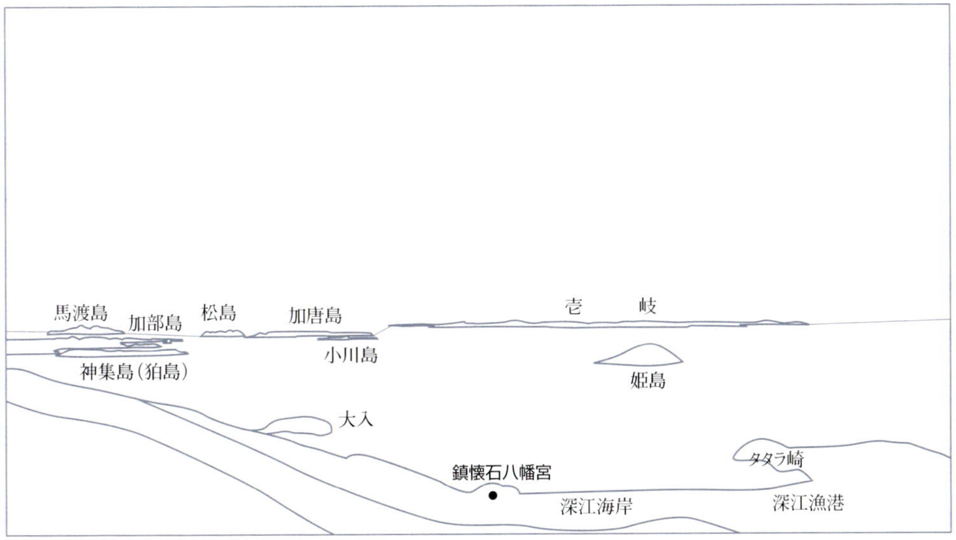

姫神と鉄の来た海（雷山山中から）　鎮懐石八幡宮は天日槍の外孫とされている神功皇后・息長帯《おきながたらし》比売《ひめ》を祭る。この鎮懐石八幡宮は九州最古の万葉歌碑の所在地としても知られている。この歌碑は万葉歌人・山上憶良が詠んだ歌を刻んだものであるが，この憶良も百済からの渡来人である。そのことが金達寿著『古代文化と「帰化人」』の中に，中西進氏の『憶良帰化人論』からの引用として次のようにある。〈憶良は義慈王の二十年（660）に百済の地に生を享け，故国滅亡の嵐の中を四歳の身で日本に渡航した。大津京に到った父憶仁は天智・天武の朝廷に侍医として仕え，大津京にほど近い甲賀の山郷に居を定める。憶良二十六歳の夏に冥路につき勤大壱，封一百戸を賜る。それは山の地の封戸《ふこ》であったが，その封戸に支えられ，やがて山上を氏として名乗る一族の中に憶良は人となった〉

幣の浜（小金丸の浜）と芥屋の大門

天日槍の築きし古蹟・雷山神籠石北水門付近から　手前は宇美八幡宮前の水田，赤く映える水田の先は神宮皇后を祭る鎮懐石八幡宮の所在する深江，さらにその向こうは左から加部島と松島，加唐島，夕日の下に姫島と壱岐。姫神の来た道は天日槍の来た道でもある。

夏の陽は壱岐に落ちて（火山《ひやま》山頂から）　幣の浜と芥屋の大門，遠くは東松浦半島と加唐島。

夕日の中の姫島，馬渡島

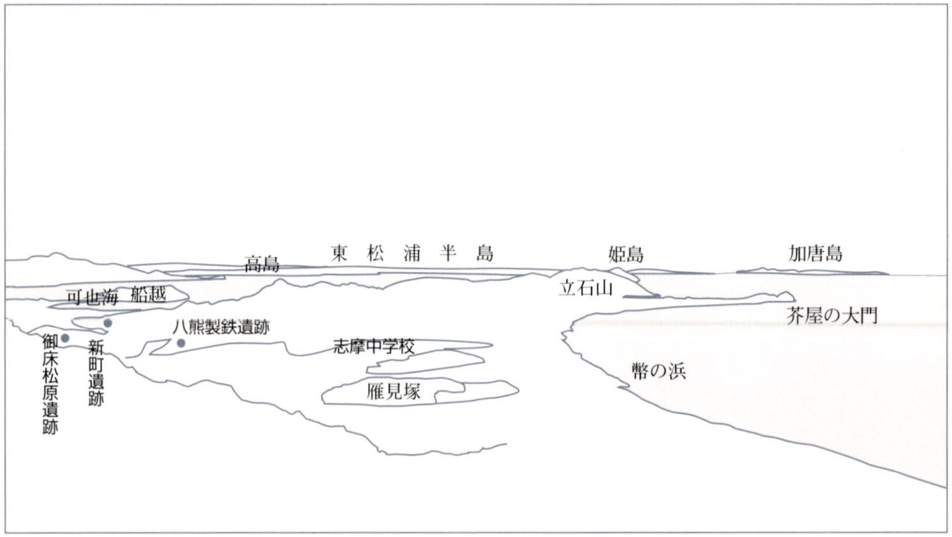

八熊製鉄遺跡（火山山頂から） 良質の砂鉄を産する幣の浜と，製鉄技術をわが国に伝えた朝鮮半島にも近い志摩半島。八熊製鉄遺跡はこの地理的好条件の中から必然的にその姿を現した。伽耶からの航海の要衝地，加唐島・東松浦半島・唐津湾・引津湾も近い。

冬の玄界灘① “砂鉄の浜”幣の浜，向こうに芥屋の大門。

冬の玄界灘 ② 幣の浜と左から彦山，火山。

志摩町野辺の桜と引津湾，十坊山

春の引津湾と脊振山地　左から二丈岳，女岳，浮岳，十坊山。

元岡遺跡群の地（毘沙門山から） 写真の右端，可也山と重なる建物は桑原地区に移転の九州大学。日本最大の元岡桑原大規模製鉄遺跡はこの地で発見された。八熊製鉄遺跡と同様，ここも良質の砂鉄を産する長浜海岸（次ページ写真）が近く，朝鮮半島にも近い。元岡遺跡群の前に広がる平野は江戸期（寛文年間＝1661–73）の干拓以前，その長浜海岸とは海で往来していた。今津干潟（瑞梅寺川河口）の対岸の街並みは周船寺《すせんじ》，波多江《はたえ》，前原《まえばる》，背後に連なるのは脊振山地。

柑子岳から　中央は長浜海岸（大原海岸）と毘沙門山。左は博多湾と能古島，その向こうは三郡山地。長浜海岸の右は今津と今津干潟，今山。右端は油山。

唐泊と今津

唐泊と今津は、『和名抄』に、それぞれ韓良《から》郷、登《と》志《し》郷とある。どちらも糸島半島の東にあって博多湾に向かって開けた古代からの重要な港である。

唐泊は『万葉集』に「韓亭《からとまり》能許《のこ》の浦浪立たぬ日はあれども家に恋ひぬ日はなし」（巻十五・三六七〇）とあるように、もとは「韓《から》の亭《とまり》」の韓亭だった所である。

その南の今津は、瑞梅寺川が今津湾に注ぐ河口の北岸に位置していて、博多湾から糸島水道への入り口である。

西に可也山、南に今山、脊振山地の脊振山、高祖山、雷山、浮岳などが望めるここは、野鳥の飛来地としてもよく知られた干潟である。

この今津の古名が『民部省図録』に「登志湊」とあり、その両岸には今宿、今山、今出《いまいで》など今の付く地名が多い。「イマ」の付く地名は、今川、今谷、今島、今成、伊万里、今山などと日本中至る所にある。

ほとんどの人はこの「今」を「新・更」と見て、今津を「新しい港」、今宿を「新しい宿場町」と受け取るだろうが、一方、今山や今谷を「新しくできた山」や「新しく出現した谷」ということからの「今山／今谷」だとは誰も認識していない。

この「今」について、先の李炳銑氏の著書『日本古代地名の研究』に次のような言語学的な説明があるのを見つけた。

〈ima（今）は韓国語の「主」あるいは「君」を意味するnimaと同じものとみたい。日本の今・imaは「主」を意味するnimaの語頭子音nが口蓋化し脱落したものとみられる。今川は「主川」あるいは「大川」を意味し、「今津」はその付近で最も大きい船着場という意味になる〉

確かに、今津は近世においても、江戸期の日本経済を支えた廻船業の一つ「五カ浦廻船《かいせん》」の交易拠点として、唐泊、宮浦《みやのうら》、浜崎、能古と並んで大いに栄えた港である。

では中世、さらに古代はということになるが、その廻船業の起源について、一九九八年一月九日付「西日本新聞」に、能古島在住の郷土史家・高田茂廣氏の見解が次のようにある。

〈江戸時代に突然、海運船団が現れたとは考えにくか。起源は倭寇（松浦党）やないかと思うとです。松浦党の神社やった志々岐《ししき》神社のほこらが西区に残っていることにも関係がありそうで（略）〉

志々岐神社が「五カ浦」の一つで、奈良時代の『万葉集』に出た唐泊に残っていたことからも、今津と先に見た四つの港は、倭寇の時代はもとより、それ以前の万葉の時代から、その拠点基地としての機能を持ち、中でも今津は一番大きい港・主港であったのかも知れない。隣接する今宿は、主港・今津とともに栄えたこの近辺で一番大きい都邑ということになる。すると、今宿の「宿」は朝鮮語で村を意味する「スク」に当てられた字とも考えられる。

では次に、今津と今津橋を挟んで向き合う今山の「イマ」について見てみることにする。

標高八〇メートル余の山、というより独立した丘陵と言ったほうがふさわしい小さな今山は、今津にある山だから今山と呼ばれるのだろうか。奥野正男著『邪馬台国紀行』からそれを見ることにする。

〈今山は高さ八一メートル、丘全体が玄武岩でできており、弥生時代の石斧製作所跡として知られている。（略）

六角の石柱を立て並べたような柱状節理をもつ玄武岩は、石柱状の塊で採掘しやすく、しかも硬くて粘りがある。今山では、木材の伐採に用いる石斧の原石として約三百年近くにわたって採掘された。（略）

今山産の石斧は、近くの糸島・福岡両平野と有明海沿岸の筑紫平野を中心にして、東は大分県の一部、西は五島列島にまでひろがっていることが知られるようになった。（略）この今山の石斧生産が中止される時期を境にして鉄器が急速に増加していく（略）〉

お分かりのように、この今山は約三百年にわたる石斧生産の一大拠点としての山、主山・今山と解するほうが、今津とも合わせて実態に即した解釈ではないだろうか。「今」は、「新・更」という意味に限られるものではないということになる。

＊

次に、この今津や今山がある登志郷の「登志」とは、ということになるが、日本の地名はそのほとんどが、当てられた漢字の音・訓いずれからも、どういう意味かさっぱり分からないのをその特徴とするが、この「登志」もその例外ではない。

私は、次のようなことも考えられるのではないかと思っている。

秋の太郎丸（福岡市西区）を流れる瑞梅寺川と脊振山地

都祈《とじ》について、金達寿・谷川健一著『地名の古代史　近畿編』にＮＨＫの水谷慶一氏の『知られざる古代』からの引用で、およそ次のようにある。

〈太陽神である天神を祀った場所は、「新羅では迎日県あるいは都祈野と呼ばれた」として、こう書かれています。

「迎日県の意味はあきらかだが、都祈野とは何か。都祈は古代新羅語で『日の出』をあらわす。これは現在でも、ほとんど同じ発音の言葉が使われている。ヘトジと言い、ヘは日、トジは『出る』に当たる。

すなわち都祈は、トジを漢字の音の発音を借りてあらわしたもので、ちょうど、万葉仮名などで日本語を書きあらわすのと同じである。それで『迎日県』とまず新羅語の意味を漢字に翻訳し、次にその音を『都祈』と表記したのである。

われわれはよく『鶏がトキを告げる』という。この場合のトキは普通、時刻の意味と考えられているが、これはむしろ新羅語の『日の出』ととったほうがよいのではないか。（略）また薄桃色を指して『とき色』というのも、夜明けの空の色からきているとすれば、この都祈で説明がつきそうである」〉

「都祈」は新羅語の「日の出」であり、薄桃色を指して「とき色」というのも、夜明けの空の色から来ている、とある。

すると、登志郷のトシは都祈からのもので、今津・登志湊は日の出の湊・迎日湾と考えられないだろうか。

また、早良平野から伊都国へと越える日向峠の入り口は、〝日本最古の王墓〟が発掘された飯盛《いいもり》・吉武《よしたけ》・金武《かなたけ》などの各遺跡群が密集して所在する、いわゆる「早良王国」とされる地であるが、「朝日の直刺す」そこには、日向・日向川の地名のほかに、その中心地・金武にこの「都地《とじ》」の地名がある。この「都地」は、都地川原、都地公園、都地姪浜線などとしてこの地域の人々の暮らしの中に今も生きている。

迎日湾・登志郷は可也山から東、彼岸の日の出の方角にあり、朝日の直刺す早良王国の都地は、可也山からは東南、冬至の日の出の方角に当たる日向峠の東麓に位置している。

初秋の唐泊漁港　右に志賀島，その沖は左から大島（宗像），地島，湯川山，孔大寺山。

夏の唐泊漁港　左から毘沙門山，高祖山，その向こうは脊振山地。市街地は周船寺。

冬の夕日に浮かび上がる今津干潟と可也山（右）

今津干潟の朝　左手前に今山，後ろは背振山地，右端に可也山。

日の出の港，迎日湾今津

今津干潟の日の出　中央に長垂山，後ろは油山，右は今山。

ユリカモメが遊ぶ今津干潟　中央に今山，後ろは高祖山，左遠くに脊振山，右端は雷山。

早朝の今津干潟　中央に今山，後ろは左から長垂山，叶岳，高祖山，井原山，雷山。

今津干潟と脊振山地（毘沙門山から）　手前は浜崎山，干潟の中央に今山，すぐ後ろに高祖山とその背後は脊振山地。

トキ色の夜明け　早朝の今津干潟に映る“水辺の王国・伊都国”の山々。
左から長垂山（後ろは油山），今山，叶岳，高祖山，雷山。

加布里湾

早朝の加布里漁港と桜

加布里湾は糸島半島の西、可也山南麓の入り江で、雷山川、長野川が注ぐ河口でもあり、唐津湾を抜けて韓国に向かう要衝の地にあって、岐志・新町・深江と並ぶ古代からの港である。凪のない早朝の入り江は、春振山地の山々や可也山などを映し、朝日が直刺し、夕日が日照る、波静かで風光豊かな入海である。

この加布里について、糸島郡二丈町の『二丈町誌』（一九六七年）に次のようにある。

〈伊都国での重要な港として、古来著名なところは、今津、加布里、深江であるが、今津は名が示すように新しく開かれた津として深江より新しい津であるし、加布里は加布羅《がぶら》と共に韓名より起こった地名で、韓民族の移動によって出来た港が政治の中心になる筈はない〉

今津が深江より新しい津であるかどうかは分からないと言うほかないが、次の「韓民族の移動によって」とあるのは、多分、伽耶諸国からの渡来人とその定住を指すものであろう。続いて加布羅と共に「韓民族の移動」により起こった韓名の港・加布里は「政治の中心になる筈はない」とある。

何を根拠にして、韓民族の移動により起こった韓名の地名、加布里は政治の中心になど「なる筈はない」と断定するのであろうか。

我が町深江の港が隣町の加布里のそれよりも重要な津だとしたいがために、一衣帯水で向き合う隣国を理由もなく平気で侮辱する。まさに常軌を逸した史観としか言いようがないが、それにしても、このような差別意識は一体どこから来るものであろうか。

＊

ここで、日本人なら誰もが知る日本の代表的な古代の首都、奈良や飛鳥について見てみることにする。

「青丹よし奈良の都は……」と歌われた奈良の都のナラとは、朝鮮語のナラ、すなわち「国」という意味であり、大和朝廷のあった飛鳥は、かつては安宿郡《あすかべぐん》であり、アスカ（飛鳥）も「安宿」を朝鮮語でアンスク・アスクと言ったことから来たもので、つまり「渡来人（飛ぶ鳥）の安らかな宿・古里」ということである。

すると、奈良も飛鳥と共に「韓名より起こった地名」なので、韓民族の移動によってできた都、奈良や飛鳥が「政治の中心になる筈はない」はずであるが、実際はどうであろう。

誰の目にも明らかなように、どちらも、かつては日本の都であり政治の中心地であったそこは、今も日本人の心のふるさと、「国のまほろば」ともされている地ではないか。

このようないわれのない朝鮮蔑視と虚構の史観を身につけた者、それは何も町誌の編集に携わった人々に限らない。戦前・戦中、いや現在においても、この虚構の日本古代史、いわゆる皇国史観教育を受けた多くの人々の脳裏には、なお厳然と生き続けている史観なのであろう。

それはまるで、入力された情報を機械的にしか処理できないパソコンと同じで、たとえば「皇国史観」という名前を付けて保存したフォルダを開くと、「三世紀に国家統一をした大和朝廷／四世紀大和朝廷の朝鮮出兵／任那日本府／帰化人／古墳は畿内で発生／邪馬台国畿内説／神功皇后の三韓征伐」など荒唐無稽なファイルがずらりと並ぶ仕組みにも似て、何の疑いもなく、プログラムされた情報ただそれだけを機械的に言葉や文にする。

加布里漁港と可也山

これがいわゆる愚民教育、皇国史観教育であるが、その目的は、嘘で固めた日本古代史で、隣国を蔑視し、疑問を封じ込める教育を幼少時からその脳裏に繰り返し焼き付けることにある。

町誌が「筈はない」とためらいもなく言ってのける根拠、それはまさしく、この虚構の日本古代史、典型的な皇国史観教育によるものであることは言うまでもないであろう。

このような史観が、朝鮮人、韓国人に対する偏見や蔑視のもととなっているばかりか、執筆者はまたそのことによって自己をも腐蝕しているのである。

＊

ところで、「韓名より起こった」加布里（加布羅）の「カフリ」という地名は、朝鮮語の「大・大きい」を意味するカと、「邑・村」を意味するフル・フレ・フリから来たもので、カフリとは、ガブラも同様であるが、「大きい村」、すなわち「大きい港」ということである。

福岡県の春日原や春日のカもこれと同じ「大」を意味するカであり、スカは先に見た飛鳥のスカ、女子フィギュアスケートの村主《すぐり》選手のスクなどと同様、「村・村邑」の義で、これも「大きい村」という意味である。いずれも加布里、加布羅と同様に、伽耶族の移住により起こった地名であることはもちろん、この春日や春日原も「弥生銀座」とされる隣接の須《す》玖岡本と並んで奴国を代表する古代の大集落である。

「加布里・大きい都邑・大きい港」が、蒸気機関船の登場以前、今津やかつては「韓津」だった唐津、唐泊（韓亭）と並んでいかに栄えた国際港であったかは、周辺に残る唐船（韓船）や加布羅、唐の町、船林、宝《ほう》道《どう》の上《かみ》などの地名からも偲ぶことができる。

早朝の加布里湾と加布里漁港　町並みは加布里で尽きて，二丈岳，浮岳，十坊山などの急峻な北斜面が海まで迫って唐津湾まで続く。

長野川河口に映る可也山

加布羅橋から　雷山川（地元では加布羅川と呼んでいた）と加布里の城山。左は浮岳。

冬の朝　加布里湾と雷山。

加布里湾の朝焼け　左から高祖山，王丸山，雷山。

加布里湾と日向峠の朝焼け

夕映えの加布里干潟

加布里湾の残照と加布里漁港の灯り

夕日の日照る加布里干潟と唐津　左は二丈岳，浮岳，夕日の下は唐津湾に浮かぶ高島。

1 立野古墳
2 徳正寺山古墳
3 二塚古墳
4 東二塚古墳
5 銚子塚古墳
6 長岳山１号墳
7 本林崎古墳
8 東真方古墳
9 立石１号墳
10 砂魚塚古墳
11 有田１号墳
12 ワレ塚古墳
13 銭瓶塚古墳
14 端山古墳
15 築山古墳
16 古賀崎古墳
17 井原１号墳
18 井原２号墳
19 高祖３号墳
20 高祖13号墳
21 高祖東谷１号墳
22 飯氏二塚古墳
23 兜塚古墳
24 丸熊山古墳
25 若八幡宮古墳
26 今宿大塚古墳
27 鋤崎古墳
28 稲葉１号墳
29 権現塚古墳
30 開古墳
31 泊大塚古墳
32 御道具山古墳
33 元岡古墳群

● ＝ドルメン

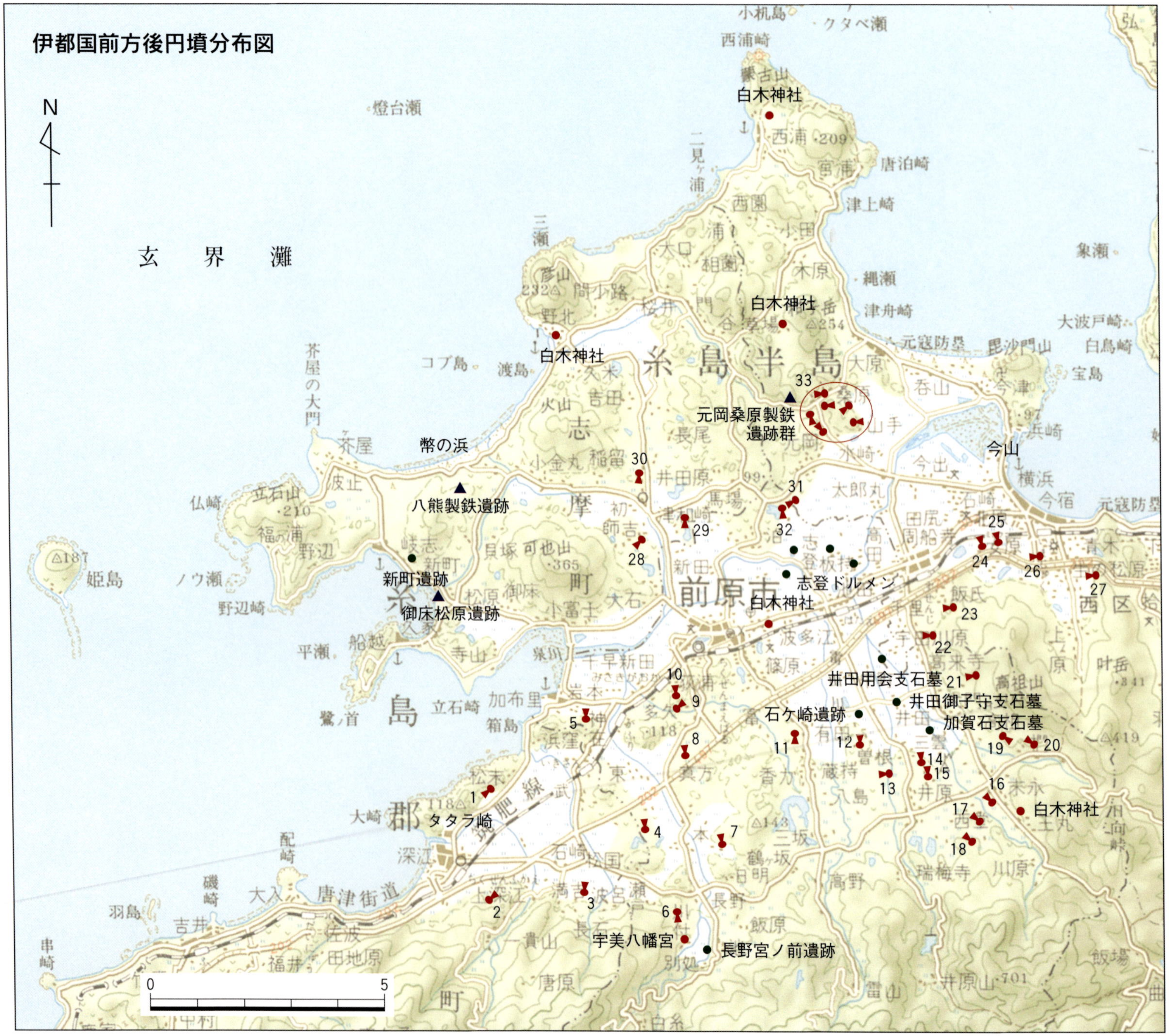

あとがき

今、伽耶が大きく見直されています。日本の古代文化遺跡に高句麗系、百済系、新羅系とあることは広く知られていますが、伽耶系のそれはあまり知られていませんでした。

しかし、韓国での考古学的発掘調査が進むにつれて、伽耶は新たに大きく見直されることになりました。同時に、古代日本文化の基層をなしているのは伽耶なのだということも新たに認識されました。

はるかな時を超えて再びよみがえる伽耶。「カヤ」とは朝鮮語で「大地」のことです。カは「大」を、ヤはラ・ナと同様に「国」、「国土」を意味します。

その伽耶に海一つを隔てて向かい合っている伊都国、そこは〈まるで伽耶諸国の半分ほどが弥生時代、またはそれ以前から何度にもわたって、そのまま引っ越してきたようなところ〉とある金達寿氏の古代遺跡紀行『日本の中の朝鮮文化』を手がかりに、この「もう一つの伽耶」とも言える伊都国をカメラでたどることにしました。

この伽耶に向き合い、朝日が直刺し、夕日が日照る国、伊都国。金達寿氏に「胸のうちがふるえるような感動」を与えた光景。

日向峠での出来事以来、この光景を写真にすることは私の長年の夢でした。

撮影には、広い範囲を俯瞰できる山や丘陵など展望にすぐれた高所と、併せて遠くの山々や島影も鮮明に写る良好な視界が必要です。

しかし、里山をはじめ脊振山地の多くの山々は、その悉くが杉や檜で覆い尽くされ、昼なお暗い山中は小鳥も飛ばず、セミすら鳴かない死の山と化しています。加えて、水源涵養林などとして、伸びるにまかせた雑木と竹の繁茂で、山腹や山頂からの展望はごく一部に限られ、そこからの撮影はそのほとんどが絶望的な状況で、意図した構図のとおりに撮れた作品はわずかなものになりました。

それにもまして、古代史をたどるカメラ紀行は、生きている今を痛感させられる日々でした。

少年の日の、目白かけ、ツクシやワラビ採りや、野イチゴ摘みに、また、はるか下界を煙を吐いて疾走する汽車を見たさに、近づいてくる汽笛にせかされながら、息はずませて駆け登った懐かしい里山の思い出は、はるか遠い昔のこととなり、里人の暮らしと共にあったそこは、豊かな自然とその恵みを失って久しくなりました。

さらに、レンズの向こうには、林立するコンクリートの電柱、巨大な鉄塔とそれぞれに張りめぐらされた送電線、太陽を強烈に反射して波うつビニールハウスの群れ、美しい海岸線に積み上げられた波消しブロックと打ち上げられた大量の漂着物、コンクリートの川土手、醜悪な白い鉄板のガードレール、澱みに浮かぶペットボトル、ジュース缶、谷を埋める産業廃棄物、林道脇に打ち捨てられたテレビ、冷蔵庫、ナンバープレートのない車等々、今の私たちの生活と合わせ鏡のような世界が不気味さを秘めて至る所に広がっています。

そこには、私の知る、四季折々の豊かな光と色彩にあふれていたかつての美しい農漁村の風景はもうありません。

*

最後に、このカメラ紀行は、私の長年の夢であり、また生前の金達寿氏からも強く勧められていたのですが、一つは金達寿氏のご逝去、それに私個人にもいろいろなことがあり、今日になってしまいました。

もう止めようという思いが何度かよぎりましたが、私の心には常に、金達寿氏が「胸のうちがふるえるような感動」を覚えた光景を写し撮りたいという強い思いがあり、それが今回の出版につながる大きな力となりました。

現在は、次のカメラ紀行「伽耶から末盧へ」の撮影を東松浦半島とその周辺で続けています。今後も、あの遠い夏の日の日向峠での出来事と、併せて次の四つの言葉を常に心に置いて、日本古代史における古代朝鮮との関係史を写真で表現していくつもりです。

・日本の古代史とは、古代朝鮮との関係史である。　金　達寿

・「帰化人」というものは、「帰化」する対象としての国家というものがあってはじめてなりたつものであって、この国家主体をつくったものがそれに「帰化」するなどありえない。　金　達寿

・帰化して日本人になったのではない。渡来して日本人を形成したのである。　寺井美奈子（文筆家）

・イギリスにローマの遺跡があるのではない。イギリスはローマの遺跡なのである。

チェスタートン（イギリスの作家・批評家）

イギリスを日本に、ローマを朝鮮に置き換えてみると、実によく分かる。

右の四つの言葉を添えて、伊都国カメラ紀行の結びといたします。

本書の刊行にあたっては、海鳥社編集長別府大悟氏と編集部の方々に大変お世話になりました。深く感謝申し上げます。

二〇〇五年四月

松尾紘一郎

【参考文献】

金　達寿著『古代文化と「帰化人」』新人物往来社、一九七二年
金　達寿著『日本古代史と朝鮮文化』筑摩書房、一九七六年
金　達寿著『古代日朝関係史入門』筑摩書房、一九八〇年
金　達寿著『日本古代史と朝鮮』講談社、一九八五年
金　達寿・谷川健一著『地名の古代史　近畿編』河出書房新社、一九九一年
金　達寿著『日本の中の朝鮮文化 ⑩』講談社、一九九三年

＊

糸島郡教育会編『糸島郡史』一九二七年
元岡村誌編集員会編『元岡村誌』一九六二年
上田正昭著『帰化人』中央公論社、一九六五年
二丈町誌編集員会編『二丈町史』一九六七年
季刊誌『日本の中の朝鮮文化』第29号、朝鮮文化社、一九七六年
朝日新聞学芸部編『邪馬台国』一九七六年
司馬遼太郎・上田正昭・金達寿編『朝鮮と古代日本文化』中央公論社、一九七八年
由比章祐著『怡土志摩地理全誌』糸島新聞社、一九九〇年
李　寧熙著『もう一つの万葉集』文芸春秋、一九九一年
奥野正男著『邪馬台国紀行』海鳥社、一九九三年
李　炳銑著『日本古代地名の研究』東洋書院、二〇〇〇年
『伊都国遺跡ガイドブック』糸島新聞社、二〇〇一年

松尾紘一郎（まつお・こういちろう）
1938年，ハルピンに生まれる
1946年，大連より引き揚げ
可也村立可也小学校，志摩村立志摩中学校，福岡県立糸島高等学校を卒業，西南学院大学文学部英文科中退
1960年，日本航空入社
1977年，旅行会社を設立し代表取締役となる
1994年，同社を辞任
1998年，日本古代史カメラ紀行（伊都国）撮影を始める
福岡県糸島郡志摩町在住
http://members2.jcom.home.ne.jp/kaya.shima.jz6/

伽耶《かや》から倭国《わこく》へ
可也山《かやさん》から見《み》える国《くに》

■

2005年4月28日第1刷発行

■

著者　松尾紘一郎

発行者　西　俊明

発行所　有限会社海鳥社

〒810-0074 福岡市中央区大手門3丁目6番13号

電話 092(771)0132　FAX 092(771)2546

http://www.kaichosha-f.co.jp

印刷　大村印刷株式会社

製本　篠原製本株式会社

ISBN 4-87415-520-0

［定価は表紙カバーに表示］